Edgar Hernández

Poemas & ciudades

Edgar Hernández

Poemas & ciudades

A San Salvador

JustFiction Edition

Imprint

Cover image: www.ingimage.com

Publisher:
JustFiction! Edition
is a trademark of
International Book Market Service Ltd., member of OmniScriptum Publishing Group
17 Meldrum Street, Beau Bassin 71504, Mauritius

Printed at: see last page
ISBN: 978-620-0-11254-5

Poemas & ciudades

I Parte

Poemas

Proemio

"Informados que en la provincia de Cuzcatlán hai un pueblo que se llama villa de San Salvador, el cual diz que está en sitio y tierra fértil y abundosa, e acatando efto, tenemos voluntad que dicho pueblo se ennoblezca, mandamos que agora y de aquí en delante se llame e yntitule ciudad y que goze de las preheminencias."

Fragmento de Cédula Real
otorgando el Título de Ciudad
a San Salvador.
27 de septiembre de 1546.

Epigrafes

"La bella San Salvador triste pero no abatida
va tomando la medida de morir de buen humor"

De: Cascarones y Fiebre Amarilla.
Francisco Gavidia. (1863-1955)

"Nací en San Salvador, la recorrería con los ojos vendados sin necesidad de aprender ciencias ocultas, de día y de noche, sus autopistas, sus depósitos de lodo, sin tropezar jamás, sin caer en el próximo agujero."

Fragmento De: Pobrecito Poeta que era yo.
Roque Dalton. Educa. 1976.

San Salvador

San Salvador
caen tus cadáveres como la lluvia
en el fango de la canción
ladran tus noches
cuando luciérnagas fugaces
beben el cielo de tus ojos
No te cansas de mirar la angustia
Ayer tuviste látigos y llantos
Hoy
más látigos
más llantos
Aprendiste a vivir de prisa
Inventaste el suicidio de las mariposas
Construiste árboles sin raíces
y también aprendiste a amar
en cada segundo
como en los últimos de tu historia
San Salvador
Alas blancas se levantan de tus sepulturas
vientos de una quimera
que extravió su horizonte
Ceiba que te poblaste de pájaros
Hoy se quiebran tus ramas
Donde cicatrizan tus heridas vuelves a sangrar
San salvador
San Salvador
Cueva de brujos y usurpadores de brujos
Te alimentaste con engaños
y en tu dolor
envenenaste las raíces del misterio
San Salvador
Vieja sepulturera
Furiosa partera de leyenda olvidada
Déjame decir tus consuelos
déjame tus dioses
déjame eternizar las esperanza que carbonizaste
déjame levantar tus muros y tu palabra.

Nov. 1989.

A San Salvador

"Sobre el oprobio, sin embargo.
aún construye su día y su memoria.
La amargura tenaz que la lástima
no logra derrotar a su esperanza.

De: Ciudad
Carmen González Huguet (1958)

San Salvador
me devuelve palabras que olvidé
renace en mi silencio
defendiéndome de la muerte
escribe con humedad
palabras pronunciadas
por sus muertos bellos y desafiantes
sílabas con que me amó
y me dejó de mar
Ciudad
secuestrada entre laberintos
y avenidas de tristezas
Con paseos de polvo
metrópolis de flores como espadas
ciudad del valle que tiembla en mi sangre
San Salvador angélica de mil dolores
en tus clamores se eterniza mi misterio
en tus rumores y estallidos me sepultas
San Salvador
entre deseos y crímenes purificada
Ciudad mía de viento terrible
partera de guerreros por calles trágicas
San Salvador
has devorado la mitad violenta de mi siglo
A tus quinientas calles de soles amargos regreso
a tus avenidas pasajes y autopistas
Reincido en marginales barrios
juntos a los extintos ríos
hoy que le han nacido cientos de girasoles
y tu tiempo deja de ser tiempo para ser fiesta.

Ciudad Elegida

En mis versos hay juventud
pero soy tan viejo
Viejo pródigo que con el siglo se desliza
Viejo recuerdo de una vida tempestiva
y crezco cuando vencido
he vuelto a ser niño
en mi ciudad elegida.

Ciudad a la que vuelvo y beso las manos de mis muertos, recuperando noches y abrigo; hijos, amigos, vecinos y todo lo que no olvidé.

Ciudad de extintos trenes

"En tren a San Salvador, aquel año,
leyendo los itinerarios de mi país.
Viendo los cerros, los niños acurrucados
madre frente a mí como Madame Bobary.

De:
Mi primer viaje en tren a San Salvador
Alfonso Kiujadurias. (1945)

1)

Mi corazón fue un viejo tren
que atravesó la ciudad
de San Salvador
amando lo que me quedaba de alegría
amando la ilusión de lo eterno.

2)

En el primer vagón iba la muerte
y en el último la vida
La primera me dio fianzas de honor
la segunda fue mi acreedora
Se cobró con enfermedades
mi alegría
mi sangre
y mi serenidad
Pero aún así me dio su pan
y celebré su trágico vino.

Ciudad del viejo niño

Mi ciudad tiene un aire de duelo
las calles donde crecí
no tienen árboles
la plaza que me vio reír
es una plataforma sucia y obscura
En el cementerio
donde enterré a mis abuelos
crecen estadios
y centros financieros
Pero una Ceiba me llama
junto a los amates
que con sus flores abrigan mi suerte
Junto a ellos soy el viejo niño
que no termina de crecer
que no termina de morir
Bajo sus sombras amando sus raíces
soy cadáver ameno que renueva su ayer
San Salvador
Joya
corazón pequeño
rodeado de maíz encendido
Milagro de arquitectura
incendios y despojos
Frente al volcán el Jabalí
hoy no encuentro
la escuela
y la iglesia
que estaba
junto al mercado viejo
Solo encuentro
un colmenar de ojos
y pupilas que preguntan
por el abrigo de los niños
por el jade fermentado
de los ancianos.

Ciudad sin nombre

Al Centro Penal viene antes
en busca de un cliente
por quien lograr un honorario
para subsistir a la lluvia

Mucho antes vine
cuando aun era crepúsculo
y vi a los hombres encerrados
en esta patria ciega
donde el silencio
sangraba en sus ojos

Hombres y mujeres amándose
bajo este duro metal

Madres hermanos padres
hijos esposas amigos
todos amantes

Muchos llegaron aquí
a descubrir el amor
otros
llenos de amor llegaron
a descubrir aquí
la muerte
Mis clientes fueron
ladrones de bicicletas
hurtadores de panes
violadores de los misterios
y del silencio
delincuentes contra la violencia pública
difamadores de la serenidad universal
Todos eran pobres
todos eran reyes
todos eran culpables de su angustia
todos eran inocentes de su locura

Los reales culpables
salieron al día siguiente
los otros allí murieron

Luego no tuve clientes
y para nada visitaba las cárceles
hasta este día
día en que vengo a visitar a mi hermano
a compartir la voz
con una ala rota
en nuestro vuelo

Hijo de un viento silencioso
vástago olvidado
del amor que un día cayó herido
El odio lo hirió
y la dulzura de sus ojos vuelan
y la fiera de su corazón duerme
mientras yo salgo a desandar
la ciudad
y una gacela muere
entre las mangas rotas de las calles
Hermano nuestro
hermano mío
déjame tus ojos
para continuar tu muerte
dame tu sonrisa
con la que hasta hoy
has sido valiente.

Glosa de La Cuidad Errante

Recogida te llevo en el camino
y eres con migo La Ciudad Errante...
Detrás del pensamiento y la sonrisa
el que sabe mirar sabe encontrarte.
De: Ciudad Errante
Claudia Lars

I

Eres la ciudad que crece en las palabras, por eso me refugias, me estremeces con tu lluvia y tu sed. Tus voces apócrifas me acompañan, me condenan a tu fuero y envejezco sin perder las viejas formas de amar. Me dispara la trazadora de tu locura, tus sílabas a las que vuelo en el único viaje.
"Recogida te llevo en el camino"

II

Camino con antiguas certezas, sobre nuevas calles, y lejos quedan mis pasos vanos. Ciudad herencia, en mis avenidas, en mis desmesuradas plazas, en el coro de los transeúntes donde avanza mi voz
"y eres con migo La Ciudad Herrante..."

III

Renazco muriendo, muero como nacido. En mercados, estadios y bulevares. Poco envejezco en la muerte de mis hermanos. Venzo la ciudad de pasos hermosos y trágicos.
"Detrás del pensamiento y la sonrisa"

IV

Eres la ciudad que me detiene en diciembre y me devuelve días amados, llenos de amor y humanos versos
"el que sabe mirar sabe encontrarte"

Glosa de la ciudad estremecida

"Estoy aquí, ¡ciudad estremecida!
-Alzada de tu aliento y tu sangre,-
contra tu corazón de amargos fuegos
y tu nombre cubierto de cadáveres."

De: Ciudad bajo mi voz
Claudia Lars

Canto viviendo el amanecer adelantado y encuentro nuevos pasos. Me quito la camisa del desaliento y la ciudad me da su fuerza, sublima mi martirio en cada palabra y en cada verso.
"Estoy aquí, ¡ciudad estremecida!

El pasado y el futuro estorban mi alegría. La vida me atrapa, en el perfil de su amanecer, mis ojos y mis brazos están lacerados. Bajo el invierno infame se clavan en mi cabeza, las voces de la ciudad, que me defienden de la ceguera. Salto a las calles, sobrevivo a sus fantasmas, soy cadáver en bancarrota por avenidas de ilusión, busco mi paraíso robado en medio del bullicio de la ciudad
"Alzada de tu aliento y tu sangre, "

La ciudad empequeñece mi corazón y encuentro al que soy: niño en asombros gigante en dolores. Encuentro la felicidad, la descubro en milagro y fuego. En la ciudad escucho voces de amor, abrazos y ruegos, niños buscándose sin encontrase, almas acorazadas, avenidas de historias prescritas, aduladores, paciencias remendadas, joyas y ojos tatuados, con el lenguaje reptante de la vanidad,
"contra tu corazón de amargos fuegos"

Valoro el recuerdo de un hogar lejano en el secreto, paisajes tapizados de naranjas, ancianos que beben en vasos de fuego. He visto la ciudad con tanto veneno y con tan poco amor. He visto que amor dura meses, incluso años y el odio dura décadas, siglos
"y tu nombre cubierto de cadáveres."

Ciudad y crimen

A: Oscar Arnulfo Romero.

Domingo de Catedral
Domingo de tus ojos
llorando en el misterio
Domingo de pájaros
bebiendo el vino de tu voz
Los cuatro vientos de los mares
vuelcan su sangre en tu memoria
Casaldáliga
ha venido a soportar tu sombra
de Amate eterno
Desde Roma saludan tu sueño
Desde el dolor hasta tu voz
hecha esperanza
Miles ha venido a tu casa
desde el mar a tu amor
desde los silencios hasta tus labios
Han venido a compartir
tus descalzas heridas
El incienso de tus crónicas sube
hasta el mayo eterno de tus bondades
mientras los relojes continúan
asesinando las horas de sueño

Hace diez soles venimos a tu rostro
a tus manos
a tus mejillas
que no pronunciaron odio
bajo el segundo criminal
que mordía
los calcañales de tu amor
Peregrino de la canción
de las colmenas incendiadas
El panal de tu cuerpo
vuelve a derramar sus mieles
Hombre de las calles y los tugurios
sangre de la ciudad
que construye la llanura

Hermano
regresaron las golondrinas
junto a tus huérfanos
al pozo de tu santo dolor
Han venido a reconstruir tus cometas
que la lluvia sangrienta te robó
hemos venido a profanar tu corazón
hemos venido muertos
a beber de tu vida.

Marzo de 1990

Glosa de la Ciudad Herida

"Nunca me fui de la ciudad herida.
Vi crecer su angustioso hacimiento
Sentí la oscura lumbre de su aliento
convirtiéndose en lágrima ofendida.

De: San Salvador
David Escobar Galindo. (1943)

El amanecer de San Salvador
como un Cristo amante
sobre el madero de las de calles
se tiñe de vida
Gasta huellas y distancias
para contemplar la profundidad
de viejos ojos de mares poblados
que cantan en la esperanza
Deja de ser sombra sobre el asfalto
para convertirse en hombre
que entre las multitudes expresa
"Nunca me fui de la ciudad herida."

Amanecer de vientos
bajo la furia y la neblina
de los días tempestivos
Mis pupilas no pueden descansar
cuando se incendia
sobre la marea de las plazas
y es limpio su labio de mar
que besa en la muerte a los amantes
Amanecer que envejece
en los segundos de mi sangre violentada
"Vi crecer su angustioso hacimiento"

Amanecer que clava
los veleros de sus cuchillos
en el mar herido de mi serenidad
Sus manos mueren
entre multitudes aniquiladas
entre avenidas y parques
autopista y mercados
Amanecer que cae
como lluvia quemando
los mares de nuestras vidas
amanecer de marino cielo y azufre
Déjame caminar entre los ataúdes
de los memoriosos corazones
y sus dolientes
"Sentí la oscura lumbre de su aliento"

Déjame ser la madera que sostiene
sus memorias
sus voces rotas de silencio y alaridos
Amanecer que canta y grita
en el juego de los niños
y se hace mañana
sepultando la rosa
de su dolor donado a la luz
"convirtiéndose en lágrima ofendida."

Ciudad Invicta

"Sería lindo encontrarte este septiembre
y recordar la última vez
que temblamos en San Salvador,
sentir que el tiempo es largo
y hoy más largo todavía,
porque hay tantas cosas de por medio."

De: Ahora me toca a mí
Nelsosn Brizuela (1955)

I

Llovía sobre la ciudad
de una infancia recobrada
antes del primer abril
antes que el amor enloqueciera
llovía cuando te encontré
y mientras dormíamos
sobre el sueño llovía
y bajo el techo de lluvia
nacíamos

II

La ciudad mi presea
La noche
Tu piel
se hunden en mi sed
A mis labios llega tu voz
Nazco desde mi muerte insepulta

III

El viento de marzo y sus noches
me unieron a tu piel
Tus manos buscaban los secretos
de mi desmesura
Tu cuerpo era mi cuerpo
Encontrándose en una ciudad
de soles temidos
Llegaba a tu hombro
y rodeaba tu silencio
mi voz

¿Qué ciudad eres?

"Yo te quise olvidar pero no pude
Tú seguiste llamándome llamándonos
San Salvador."

De: Ciudad
Alvaro Darío Lara (1966)

¿Qué ciudad eres?
Que adornos son tus misterios
y encantos sus verdades
¿Qué ciudad eres?
que me avasallas
me reprendes
me estimulas
y tu sombra crece en mi delirio
¿Qué ciudad eres?
Que no puedo descifrarte en mis palabras
No puedo descubrirte en imágenes
No puedo retenerte en mis versos
¿Qué visión de otros sueños
tienen tus ojos?
Que de este sueño no puedo despertar
¿Qué poeta soy?
que mi frente te añora
mi ánimo te busca
y aún te necesita
mi felicidad

Ciudad cómplice

"Ciudad, secreto de estado.
Aquí mis pasos en tu niebla, en tu sol.
Aquí mis pasos, mar gris,
sobre la danza eterna de tus días."

De:
Ardor de San Salvador
Alfonso Fajardo (1975)

San Salvador,
es cómplice de la noche
su alegría es mi suerte
su vientre es mi festín
sus labios, mis proverbios
y su boca mi cantar
Es palabra audaz
que tanto amo
que con ellas alcanzo a su corazón

Nunca la abandonan mis pasos
y no la puedo aborrecer
Porque el odio se lo llevaron sus muertos

Es metrópoli que me devuelve
el deseo robado
el amanecer de infancia
que prescribe mi nombre
de sus epitafios
que prescribe el veneno

Urbe que se volvió
una capsula sin tiempo
para nacer
y morir desprevenidos
Permanece y se agiganta

Me trajo querencias
y me alejó las tristezas
Capital del martirio
y de ojos sin nombre

Pueblo cardinal que cupo
en la ventana de mi corazón
en la extensión del misterio
y en la música
de mis remozados años

Ciudad acorazada

Recojo en el camino nuevas lecciones
miro lo que amo y es de todos
lo que posee en mundo y es mío

Camino hacia nuevas certezas
sobre antiguas llanuras
y encuentro la vanidad del pasado
en mi esperanza
y encuentro a mi ciudad
acorazada por el desamor.

Ciudad amada

¿Qué signo nos trajo a esta ciudad maldita?
A estas calles humeantes, lúdicas;
donde los amantes, sólo fallecen,
si se miran, si se encuentran, no se reconocen.
¿Qué tienen tus tardes ciudad amada?
Que vuelvo a tu sol que reincide en mi sombra,
a tu kilómetro peregrino, a tus golondrinas
con sus nidos de ceniza,
a tus abejas en las colmenas de metal,
a tu devoción temida, a tu comercial amor,
a tu virar fantasioso, tus encrucijadas,
a tu hora cero, tu milagro, tu vaticinio,
a tus semáforos sin prisa, a tus plazuelas,
a tu rostro, tu dolor,
tu amor que cupo en nuestro musitar.
Recorrimos las zonas prohibidas de tu invierno,
lugares rasgados de amoríos;
no quedó un cuadrante que nos esperara;
todas las esquinas proscritas quedaron vencidas
en el territorio de nuestro secreto;
trasgredimos la mar de tus ojos,
tus terremotos delirantes, tus pasos alevosos;
bebimos desconcertada tu noche,
violentamos la muerte que sobrellevaba
nuestro silencio, en días de guerra,
de incendios, cuando nuestros pasos
remontaron el fuego, el miedo.
Cuando dimos los mismos pasos,
para encontrarnos, para olvidarnos;
por eso ya nada fue igual.
Por ello eres humedad eternizada,
ocultando nuestro olvido.

Los poetas y la ciudad

Los poetas tienen libros que no leerán
a los nietos
tienen muchos hijastros
amantes inventadas
y un ardid para protegerse de otra vida

No tienen hermanos: todos los hombres y todas las mujeres son sus hermanos. No buscan salvación ni siniestro. No venden libros sino sangre, no temen sino su temeridad. Van amando la vida, buscando la piel que los abandonó, van de Banco en Banco hipotecando sus tristezas.

La ciudad y los poetas

A Luís Galindo
A Ovidio Villafuerte
A Alfonso Morales
In memorian

a)

En estos días vine a saber de tu viaje
hacia la patria de los tesoros
poeta de Zensontlán
brujo de la palabra
bohemio del verbo hermandad
desde nuestras mascaras llenas de salitre
te observamos amigo
y tú sigues tu canto
aunque esos pájaros amarillos digan
que faltas en nuestra mesa

b)

Caminar es torear la luciérnaga
que se nos hizo aurora
es el amanecer de la sangre
es vivir los sueños
del gran corazón fugitivo
es soplar la llama que nos incendia
la profundidad de la alegría
es cantar a dúo con la muerte
es una amor de polen y huesos
es viajar por la ribera y la noche
de todos los mares

c)

Viejo loco de amor
espero que disfrutes
de esa eternidad tuya
de pájaro armado de vida
para defender la verdad ante la angustia
Gracias por esas lluvias
que de buenos apuros nos ha librado
Que naveguen tus sueños
por el siglo de los pequeños mares
que bebieron de tu locura
Te saludo desde esta tormenta
que cae sobre el mayo de mis venas

d)

En esta hora todavía hay silencio
en la sangre de las colmenas
En tu corazón se ha arrodillado el viento
para beber un poco de muerte
un pucho de fuego
un bocado de hermandad
En esta hora vienes
a la poesía humilde de los hormigueros
que bañan la ciudad
vienes al silencio de los artesanos
que amantes
construyen su patria segura
En esta noche vienes húmedo
al mar
sospechoso del corazón
donde toda alegría fue censurada.

Ciudad descontaminada

Me descontamino
de Neruda y Vallejo
García Lorca o Witman
Miguel Hernández
y Otto René

Me descontamino de Octavio
de Dalton de Debravo y la Pavón
de Asturias y de Gavidia
de Darío
y de Martínez Rivas
y sólo quedas tú
Poesía

De: CIUDARIO (2010)
EDGAR IVAN HERNANDEZ

II Parte

Poemas y ciudades

Sobre un viejo tema

La paz es un trozo de tierra besando
la mar del sur
es el sueño en sobresalto de heridos
es el paisaje escalando
los volcanes de la hermandad
es un viejo tema
y sobre un viejo tema
pueden construirse
poemas y ciudades.

S.S. 1986.

Ciudades de infancia

a Ale Pavón.

Fuimos por una ciudad indómita
Ciudad veloz y violenta
Ella es el reloj de mi corazón
que echó marcha atrás
hacia los paisajes del norte
el volcán
las torres y las iglesia
hacia los parques y los jardines
hacia la verdad y el desacierto

Quise llevarte a mi ciudad desde Ilopango, San Bartolo y el lago. Llegaste a ser su mejor visitante. Y fuiste el viento de otra ciudad de mucha neblina y misterio.

Hoy nuestra ciudad es pequeña,
entre el Volcán
y los grandes bulevares.
Que ya no importa en que avenida
o calle detengo mis manos
y desde qué pasaje
me despiden tus besos

Voy a otras ciudades, a ciudades calientes y ciudades de fuego a recoger mi pan y mi agua. A ciudades grises y blanquecinas a comprar tu leche y tu cereal. Y en todas ellas, tu alegría me alimenta y en todas tu recuerdo en mi urgencia.

2002.

Soyapango

Soyapango, nuestros días se humedecen con el amor de tus abejas Hoy hay silencio en tus mercados, donde vendimos el grito infinito de la sangre, por un pan infiel.

Heredamos la sombra de tu caricia. Fuimos hijos de la cueva de tu desnudez, porque tendiste tu abrigo a nuestro perfil de viajeros. Pueblo de nuestra miel, bajo tu gran amor, tu camino dispuesto a la esperanza de las colmenas.

Ciudad de Mejicanos

Mejicanos
ciudad donde miré a Jesús Obrero
con niños puntuales a sus clases
bajo los terremotos del siglo
con San Alfonso y San Agustín
en sus planteles.
Mejicanos
urbe de mis escuelas
que añoran a Japón y República
Oriental del Uruguay
Mi pueblo de cines rotos
de altas butacas
de viejas cintas y nuevos amores
Ahí el Balboa, el Astor y el Jardín
Mejicanos
que me enseñó la primera tipografía
el primer matadero
el primer matarife
el primer multifamiliar
la primera casa de empeño
la última clínica para bien morir
la primera cancha pintada
con colores de partidos políticos
el primer comedor de locura
la primera taberna
la primera borrachera
el primer avión
la última carreta
la última estación

Ayutuxtepeque

Diciembre me trae recuerdos de un hogar
con la altura que se ilumina en la distancia
Te recuerdo
Ayutuxtequeque
Ciudad de brujos y pintores
Cementerio de poetas
bajo el volcán El Jabalí
y el cerro el Carmen
Cerro de ríos y armadillos
En tu costado
tus llanitos
el valle del Ángel
Las lomas chinas
Las colinas erosionadas
los extintos manantiales
Te recuerdo en los niños
que elevan sus piscuchas
y le mandan telegramas
a una alegría que volvería.

Ciudad Delgado

A Juan Ramón Molina

"Villa Delgado, en Cuscatlán fragante
alcanzó nombre que el pregón repite"
Medardo Mejía

Acolhuatán
"Villa Delgado
Ciudad de la alegría
Hoy "Ciudad Delgado"
Ahí su iluminado pecho
entregó el poeta
en excelso matrimonio
Que amó recuerdos
y en besos de extrañeza
y en el abrazo apagó su estrella
Ahí Juan Ramón Molina
ahí quedó –cual lira de Orfeo-
en su secreto amor
ahí está
La jabalina que conoció
el abismo y la montaña:
JUAN RAMON AMANTE

Santa Tecla

Santa Tecla, eterna, mi pequeña, mi antigua: Nueva San Salvador, llego a ti desde las piedras calcinadas de la sangre, desde la memoria de los cerros ardiendo en granadías, rodeando el volcán el Jabalí dormido, que vigila. Santa en tus dolores. Tecla en la muerte de tus hijos. Santa en el amor de los nahuales que te donaron su memoria.

La Libertad

Flor, ciudad marinera que atrapó mi silencio, que educó mis sentidos. Ciudad velero puerto y canción. Aprendí de ella suelto respirar de los barcos, conocí las respuestas de viejos marineros. Entendí preguntas que nunca se responderán. Escuche en su corazón el mar y el oleaje, del amor en la juventud temprana y la alta canción de los amantes y las gaviotas. Los dulces pasos de ser niño y ser anciano en la playa sin tiempo que no me dejará partir hacia el olvido.

Ciudad Universitaria

Ciudad de pájaros en el amanecer, amor de invencible historia, crónica de amantes y nahuales, retorno de aves y sombras en el frescor de la tarde. Ciudad olímpica en el trinar de atletas solares. Ciudad de fuego y mariposas, protectora de noches y distancias. Guardas la luz, cuidad jardín del cementerio, ciudad donde tu sombra basta.

Quezaltepeque

Quezaltepeque lleno de días y sol. Quetzal suena tu amor, mientras me alejo por tus caminos con el poeta Amilcar Colocho. Quetzal y cerro cantan, esas horas en que tus poetas están distantes y cercanos con Alfonso Kijadaurias. Quetzal de nido y madres que esperan el retorno de un sol que florezca en sus pupilas.

Santiago Texacuangos

Jinete del padre Cerro, venas cantan al calor de los meses. Voy y regreso donde se escondió la magia de inclaudicables hijos que te coronan. Tu consuelas mis ojos en los almendros, en tus cedros y tu canto maderable. En las esquinas de mi peregrinar.

Regreso a la altura de tus hijos que te dieron el nombre y la esperanza. Santiago Texacuangos, viajero de la nube y el lago. Regreso a la alegría de tu corazón vegetal y me llevo tu sabor en la palabra que te defiende. En el lucero de tus pies descalzos que consuelan toda herida.

La Palma

A Pedro Alfonso Valle

El poeta se va de la ciudad de los pinos
ciudad no contaminada
ciudad baluarte y fortaleza
para los artesanos del mundo
Ciudad cerca del Peñón
cerca del dolor más transparente
donde de tristeza no muere
más que de sabiduría
y un viejo soñar

El poeta sale con huesos antiguos
a vencer el diario caminar
a perseguir otros fantasmas
a descifrar las canciones del pinar
y sumergirse en las aguas claras del horizonte

Ciudad de Apopa

Apopé mi infancia entre cerros y trenes
Apopé juguetes y pájaros que me invadieron
Apopado mi corazón y en el río
Apopante el volcán es más soberbio
Apopó la muere en las venas marginales
Apopado de valles tengo memoria
Apopardo de zafra y prehistoria.
Apopado de afluentes en sangre renovada
Apopada popular que se eterniza
en sus ríos y vapores.

San Juan Cojutepeque

De ti vengo y voy
desde la arcilla y el humus de tu altura
desde tus cantores, tus cerros y tus pavas
desde tus calles al vibrar de motores que no volverán

Con nuevo nombre muero en tu tierra de las joyas
Los pasos me llevan a tu corazón
y al parque Alameda
desde ahí bajo hasta río Jiboa a trinar mi anhelo

Desde mi funeral voy a tus árboles
Desde la contaminación a tus alturas
hasta la frescura de tus mariposas
Y en tus portales mi palabra
y en tus miradores mi alegría y mi llanto

Vuelvo Cuscatlán
por las rutas secretas,
retorno a sus tardes y a su lumbre
desde el camino que soy

En tu rostro miro a mis abuelos
y tus horas germinan en mis sentidos
Pero encuentro en tu paisaje ferias y alegrías

Cojutepeque enaltece mi orfandad
ciudad gigante en mis ojos de infante

A donde iré
si no hacia donde vuela
el Torogoz en tu cenit.

Poemas & ciudades

INDICE

I Parte. Poemas

II Parte. Ciudades

DATOS BIOGRAFICOS

Edgar Iván Hernández, Poeta, nació el 2 de octubre de 1965, en Cojutepeque. Ha sido miembro de los Talleres Literarios: XIBALBA, PATRIAEXACTA y Taller de Letras Gavidia. Es colaborador de Periódicos y revistas culturales.

Ganador de los siguientes reconocimientos Literarios:

- IX Juegos Florales Salvadoreños, 1986. Zacatecoluca. Primer lugar en la rama de cuento y Segundo en la rama de Poesía.
- Certamen Literario Alfonso Hernández 1990. Primer Lugar compartido, rama de Poesía.
- Juegos Florales Santanecos 1995. Primer Lugar compartido, rama de Poesía.
- II Juegos Florales de Soyapango 2002. Primer Lugar en rama de Poesía.

PUBLICACIONES COLECTIVAS:

Cuando el silencio golpea las campanas
Astac, 1991. Ganadores del Certamen
ANFONSO HERNANDEZ 1990

POESIA REFORMA 1991.
Iglesia Luterana 1992.
Ganadores del Certamen Literario Reforma 91.

POESIA JOVEN SALVADOREÑA
DECADA DE LOS 80.
Piedras en el Huracán, 1993,
compilada por JAVIER ALAS.

Santa Ana, 1995. Colección Juegos Florales.
Concultura 1995.

POESIA A MANO, ANTOLOGIA
DE 40 POETAS SALVADOREÑOS, 1997.

Selección de JOAQUIN MEZA
ANTOLOGIA DE UNA DECADA,
ZACATECOLUCA 1985-1995.
Colección Juegos Florales. Concultura 1998.

El juego infinito
Taller Talega
Concultura 1998.

Edgar Iván Hernández es el poeta trashumante por excelencia, el poeta tempestivo, el que desafió la gravedad de la locura y volvió a la tierra sano y salvo, el poeta de las mutaciones y de la desmesura. La ciudad cruza su poesía de norte a sur, y su poesía cruza la ciudad de este a oeste. La ciudad está tatuada al pecho del poeta, y en sus venas desfilan manantiales de sangre, paraísos artificiales, luces parpadeantes de neón, poros como abismos, túneles y –Prometeo vencedor- la luz de las cosas simples e importantes: la sonrisa de una hija, el amor asimilado, la mutación increíble. La ciudad empieza dolorosa, sigue expectante y se descubre como fuente de felicidad. Es el signo de un poeta que vivió la guerra, pasó por la neblina insípida de la postguerra y descubre que, al final, sólo el amor puede devolverle lo fulgurante a un mar de cemento destinado al olvido de las urgencias. Edgar Iván Hernández supo llevar su poesía a nuevos estadios, a nuevos mundos temáticos que le inyectaron a su palabra mayor trascendencia, mayor combustión humana en el sentido Vallejeano del término. Así, la experiencia del desarreglo de los sentidos ha jugado un papel importante en su fábrica de versos.

Edgar Iván Hernández, Poeta y Cuentista, nació el 2 de octubre de 1965, en Cojutepeque. Ha sido miembro de los Talleres Literarios: XIBALBA, PATRIAEXACTA y TALEGA. Publicado en diversas antologías. Es colaborador de Periódicos y revistas culturales. Ha participado en festivales de poesía centroamericana y ha recibido diploma de reconocimiento honorifico por labor literaria por la Universidad de El Salvador en octubre de 2019, y medalla al mérito literario por la Asociación de Periodistas Independientes ASPI, 2019. Es ganador de diversos certámenes literarios. Publicaciones: **EL GENIO Y EL OLVIDO.** Narrativa. 2010. **SOBRE UN VIEJO TEMA.** Poesía. Antología personal. Editorial Fundación Metáfora/MINED. San Salvador, 2012. **MICROFILIA.** Narrativa breve. Editorial La Chifurnia, 2019

Printed by Books on Demand GmbH, Norderstedt / Germany